Juana Rodríguez Macías

CUANDO LLUEVE DENTRO

PRÓLOGO:
ENRIQUE GRACIA TRINIDAD

EDITORIAL CUADERNOS DEL LABERINTO
—ANAQUEL DE POESÍA, nº158—
MADRID • MMXXVI

De la edición © CUADERNOS DEL LABERINTO
Derechos exclusivos de esta edición en lengua española:
© Cuadernos del Laberinto
www.cuadernosdelaberinto.com

De la obra © JUANA RODRÍGUEZ MACÍAS

Directora de la colección: ALICIA ARÉS

Diseño de la colección © Absurda Fábula
www.absurdafabula.com

Prólogo © ENRIQUE GRACIA TRINIDAD

Ilustración de cubierta © *A girl in a white lace
dress swims underwater as if flying in zero gravity*
(con licencia de depositphotos)

El papel utilizado para la impresión de este libro, fabricado a partir de madera procedente de bosques y plantaciones sostenibles, es cien por cien libre de cloro y está clasificado como papel reciclado.

Impreso por COPIAS CENTRO (Madrid)

Primera edición: ABRIL 2026

Depósito legal: M-7371-2026
I.S.B.N: 979-13-87751-01-2

Impreso en España.

Al extraño curso de la vida.
Al azul que habitó mi latido.
A mis hijos, siempre.

PRÓLOGO

SOBRE UN LIBRO HECHO DE LLUVIA

Este libro nos habla de la lluvia por dentro, así que, amigo lector, no abras el paraguas, en esta ocasión hay que dejarse empapar por esa lluvia hasta que se calen los huesos.

Sigue conmigo las huellas de estas páginas y las cinco partes en que se divide y veremos.

En la primera, ya nos pone sobre aviso Juana Rodríguez Macías: «El aguacero dentro de mí», que es tanto como decir dentro de cualquiera que lea este libro. Si como lector no estás dispuesto a empaparte por dentro, a ser cómplice del diluvio emocional que mueva tus propias inquietudes, es mejor que te dediques a otra cosa, el libro no es para ti.

En la segunda parte da un giro copernicano y pasa de la lluvia al fuego; dice: «En la boca un incendio», que es como resumir la pasión por la palabra, por la poesía, por el amor, por el dolor, por la comunicación intensa. ¿Te imaginas debajo del aguacero, pero con la boca en llama viva?, ¿ves el atrevimiento, el ímpetu, la necesaria solidaridad? Pues eso.

Ya lo aclara en el primer poema de este capítulo:

Hoy te levantas, como cualquier día,
con más de una trinchera entre los ojos.
En la boca un incendio,
mientras tiemblan de frío
la cama, el techo y la ventana.

En la tercera, Juana se mete en faena del todo y nos obliga —como debe de ser— a navegar con ella en un cúmulo de sensaciones intensas, profundas... Dice: «De volver a nacer y ser laguna». Hay que compartir solidariamente sus palabras o estaremos perdiendo el tiempo. Arriésgate, renace en sus palabras, lector, nada, bucea en esa laguna en que nos convierte tanta lluvia de sensaciones. Merece la pena.

En la cuarta parte, Juana se da cuenta del riesgo que corre volcando tanto corazón en el papel, sabe que estamos con ella, como lectores, corriendo también el riesgo de esa hermosa aventura que es la poesía, y se nombra a sí misma como «Deslenguada». ¿Qué otra cosa es el poeta?, ¿qué otro calificativo nos cabe a los que leemos a una autora entregada y nos entregamos con ella? Atrévete, amigo, sé descarado con ella, sé insolente y desvergonzado. Esa es la condición exacta de la poesía. Sin ella, a penas merece la pena.

La última parte, se titula «Cuando el agua ahoga». Juana llega al final empapada de emociones, que son la lluvia por dentro de la que ya nos había avisado. Y el agua ha desbordado todo, se convirtió en laguna, era el diluvio universal de Utnapishtim, de Noé, de Svayambhuva Manu, de Manco Cápac y Mama Ocilo, de Deucalión y de tantos otros. La lluvia destructora y salvadora a un tiempo, el agua regeneradora. Nos ahoga un instante, pero salimos reforzados y renacidos.

Así, junto a Juana Rodríguez Macías, buscaremos a la persona amada —«Te busco en la tormenta»—; habitaremos la sombra y su iluminación —«En la anchura callada de la noche, / aquí dónde tu sombra enciende luz»—; y llamaremos a la esperanza por su nombre y condición, todo será nuestro, todo lo compartiremos, todo nos hará más fuertes —«No dejes que ninguna parte nos quede ajena»—.

No te asuste esta lluvia por dentro, querido lector. Palpa el dolor y sonríe, es tu propio dolor; mira al miedo de frente, pasará; entrégate al amor para que no se diluya entre las aguas. Nuestra sombra estará empapada, pero habremos alzado la cabeza y, como dice la autora, «todo vendrá e irá tan suave y claro / como el cristal que queda entre la nieve».

Nos quedará tan solo un intenso libro entre las manos, un libro necesario que habremos de releer muchas más veces, cuando recordemos algunos versos como estos que hablan de lo que siempre nos quedará al final de la tormenta:

Olor a lluvia, a jabón en el armario,
a ropa blanca,
a espíritus buenos, amados, sabios.

ENRIQUE GRACIA TRINIDAD
Madrid, marzo de 2026

I

EL AGUACERO DENTRO DE MÍ

CUANDO LLUEVE DENTRO

Yo creí que sí, que todo volvería a su lugar.

Los árboles del cuadro tendrían de nuevo hojas
y el charco, solo el agua suficiente para saltar en él.

Desde la ventana puedo podar las ramas de la palmera.
Me mira con sus ojos turbios y abre una boca
enorme para seguir callada.
No es extraño, hace tiempo que yo tampoco hablo.

Diluvia.

La humedad, que siempre fue invisible,
se pasea por la casa luciendo un traje de chaqueta
azul
con una corbata al cuello, sin camisa.

Echo de menos los días áridos.
Esos en los que me tendía en el suelo mimetizándome,
entre los ocres del mármol, como un camaleón.

No para de llover y nada está en su sitio.
El aguacero anega dentro de mí.
No deja ni un centímetro de piel sin invierno.

OJOS SIN PONIENTE

Ya no conozco a la chica rubia que corre
de un lado a otro de una terraza, sin abarcar
a todo, y que no sabe cómo huele París.

Ni a la madre despeinada que apenas ha dormido.
A la que se le derraman los senos en la cola
del metro y jamás amaneció en Venecia.

Ni a la viuda resignada que soñaba
con el año que viene y no llegó nunca.
Tras los muros, eternamente, duerme Atenas.

Ni a la amante de un trapecista que se metió
a poeta alimentando la mañana en lo oscuro
del deseo o en una ventana con vistas al mar.

Guardo el aire por si acaso más tarde
pudiera respirar, sabiendo que vivo aún
mientras me devora la prisa del tiempo.

Miro ausente el paisaje silencioso
en este viaje de ida, huyendo de un poniente,
sin ojos que viene acortando el día.

MIENTRAS HAYA TIEMPO

Hace ya tanto que no cuento
cómo crece la raíz, el herido tronco
de mi cepa, ese modo en que se esconde
la sombra de la bestia.
Hace ya tanto, madre.

Asumo la derrota en el desprecio
de una niña repleta de memoria.
La vuelta en la solapa del abrigo
ventila por el cuello su vergüenza.
Entonces, la ternura era otra cosa.

Estos hombros con el peso se me hunden,
incapaz de aguantar tu indiferencia.
Qué secos están mis huesos, qué tristes.
A este mismo dolor van sucedidos.
Deja que sane, madre, entre tus brazos,
antes de que te mueras, o me muera.

LA HISTORIA RENDIDA

Quise levantar mi casa junto al mar,
tocar en la tarde la bardera del monte,
jugar con la alta rama del ciprés.

En la desembocadura, estuario crecido,
ría en la montaña, agua turbia de sal plena,
descansar en la duna de una boca honda.

Quise borrar del recuerdo la rendida historia,
la flaqueza torpe que rompe la voz quebrada,
el llanto que desde las entrañas mira y desnuda.

Romper la suerte siendo, el abrazo necesario,
que respira ambicioso un tajo para saberme,
por una vez, solo por una vez, viva.

LA ÚLTIMA NOCHE

Hay agua en el cristal del tragaluz.
Hay un manto hecho de alas de mosca.
Música leída en la rota partitura.

Hay una última habitación.
Hay muebles arañados, paredes blancas.
Pasa por mi lado tu tono transparente.

Hay ojos que me hurgan en la noche.
Hay miedo en cada rincón de mi dormitorio.
La tristeza cala el algodón de las sábanas.

Hubo un abrazo que calmó mi ansia.
Hubo ambición en la entrega
de esas manos que formaron cuencos.

Hubo lazo de prestada intimidad.
Hubo vida que apremiaba al retorno
y esos hombros donde apoyar mi paso.

DISTINTA CADA DÍA

Cómo borraron los años
las huellas que marcaron el sendero.
Aturdidas, las imágenes dormitan
entre la plata y el vaivén de lo lejano.

Ya falla la memoria y no logro
distinguir si es mío el nombre que, difuso,
intuyo más que oigo la amplitud,
distinto cada día en otros labios.

Evoco con nostalgia a la mujer
que cuelga en la pared de tus altares.
No siento como míos aquellos rasgos
ni el palo de la cruz que los recoge.

CASAS VIEJAS

La casa está deshabitada.
En el silencio retoza la sombra.
Siguen en pie sus muros de caliza.
La yedra, ambiciosa,
viste de hojas la cornisa.

Me parece ver a la abuela
soplando achicoria amarga.
Volaban las semillas
hasta tocar las nubes preñadas.
Mi piel recuerda.

La calleja, aquel jazmín en el patio.
Mi pueblo de cal azulada.
Olor a lluvia, a jabón en el armario,
a ropa blanca,
a espíritus buenos, amados, sabios.

SÍNDROME DE USHER

Cuando solo yo sabía que coexistías
y mi cuerpo construía tu estructura.
Entonces, fuiste únicamente mía.

Me acompaña el miedo.
Permanece en mis entrañas.
Clavo en las paredes las heridas
y me agarro a ellas por no hundirme.

Imposible perdonarme el descuido
en el que mis genes regalaron a tus ojos
dos lagos quietos y profundos,
que no pudieran mirar hacia los cantos.
El ancla de finísima porcelana,
anclada en la membrana centinela.

Solo quiero que la vida no se olvide
que te debe las maneras soñadoras,
las mareas de mis mares.
Tu primavera y su primorosa espuma,
los matices que mereces, que amanecen.

SOLSTICIO DE INVIERNO

Espero a que las aguas se congelen
para andar sobre el río y por la senda.
Acechará el leopardo con su hambruna
devorando la piedra y el adverbio.

El invierno de siempre será invierno,
alumbrándome el valle de las sombras.
Todo vendrá e irá tan suave y claro
como el cristal que queda entre la nieve.

EL ALMANAQUE

Frente al espejo cuento las arrugas.
Desde el último verano
son más profundas en la frente,
más suaves en los surcos de mi boca.

En mi cuello falta la firmeza del peso perdido.
Los años no pasan sin más para nadie.
Pero se me han caído todos encima, de pronto.

Como una losa, endureciendo los nervios,
enfriando la sangre, destruyendo la alegría.
Desde que tú dejaste la memoria colmada,
vacía la cama y rota la lámpara,
no hay día que mi aura esté libre
de un nuevo zarpazo limpio y feroz.

Tal vez sea el momento justo
de beber otros vinos.
De comer con hambre,
lo que me pongan en la mesa.

EL COLUMPIO DEL ABUELO

Entre los lirios de agua resalta
el alto junco del estanque.
Una brisa cimbrea sus tallos sin flores.
No puedo apartar la vista del suave vaivén
que mueve sus cañas de un lado a otro.

Recuerdo tus pies descalzos, la hierba
y tu vestido, mientras mecía esa inocencia de niña.

La sombra del abuelo empuja el hueco de tu espacio
con el mismo cariño que ató esta lazada a la rama
y talló tu nombre en el tronco.

Con el paso de los años, mis cuerdas están grises.
La madera del viejo tilo cruje cargada de inviernos.
Nos miramos llenos de nostalgia.
El junco a la sombra, la sombra al columpio
y el columpio al junco.

A DESTIEMPO

No sé, yo no sé contarte por qué
la anchura se levanta cansada
de recorrer el hueco de la memoria,
si los recuerdos duermen.
No sé contarte. Yo no sé por qué
poco a poco se hace larga la pena.

Desde tu diciembre tengo vividos
un racimo de diciembres curvados
en otros meses, sin parar de golpear.
No sé, yo no sé contarte qué tengo.

Pero no se va, no se me va.
Se queda cerca, flotando en el aire.

Yo no sé, Vida mía. No sé contarte.
Solo sé que, igual que tú,
hay hojas que del árbol caen a destiempo.

LA GRULLA

Cuenta la leyenda que tu mayor deseo se hará
realidad si construyes mil grullas de papel.

Era un milagro que pudiera sostenerse
en el filo del tejado. Estiraba el cuello grácil
luciendo el blanco de sus plumas sobre la pizarra gris,
con una piedra en la garra.

La acompañaba a poca distancia un maslo pardo.
Él batía sus alas a lo alto, raudo.
Después hacia abajo lentamente, en un baile emotivo.
La arropaba con gusanos y púrpura.

Con la primera luz del día alzaron el regio vuelo,
sin cansancio, ya sin piedra.
Los miré. El silencio escribía
en el alba el olvido de tu nombre.

Vertí al viento mi vestigio solitario.
Sin lastre anduve hasta el mar.
Sabiéndome lejos de valles y cumbres,
navegué sobre mil grullas de papel.

INSTANTES

Sé que existo
porque mi sombra
      está empapada.

El silencio
  del reloj de pared
      ocupa, de mi piel,
         cada pliegue.

La luz se refleja
      en el péndulo,
         mientras
            los segundos
y yo
      esperamos
         el balanceo.

Un baile que dé
el impulso justo a la gravedad
         en esta caída,
      que derrame el tiempo necesario,

algún movimiento
    para sentir que todo sigue igual.

Un minuto escaso
    para volver a nacer
        y no saberlo.

PERDÓNAME EN SILENCIO
Y CÚBREME CON PÉTALOS

A mi hijo

La sucesión, la secuencia
permanente en tu juicio.
Ese ir tirando con lo que sumas.
Las cuentas que no salen,
aunque, a veces, ordenes y analices
el abstracto común de nuestras vidas.

La lucha titánica de un hombre joven
con el corazón ávido de júbilo,
amurallado a un ayer que aborreces
y amas de igual manera.
¿Cuánto tuve que ver con las puertas cerradas?
¿Y con los dientes con que defiendes los impulsos?

No me agarré a los barcos paralelos.
Adelanté inconsciente el arribo
abandonando la fila sobre un lago de lágrimas.
Hoy vuelves a tu casa dejando atrás la noche.
No duermes.
Piensas en lo que dije,
        en lo que hice, sin querer ser igual
                ni en la hora ni en el lugar de mis actos.

LA PELÍCULA PRESTADA

A dos tercios de la primera fila
la butaca central me espera.
Se mezclan los fotogramas.
Van del blanco y negro al color.

Una voz en off me lleva a través
de la posibilidad, del vértigo.
Sin poder detenerlo escucho al narrador
que avanza inexorable, hurga en cada plano.

La cuarta pared se rompe,
puedo tocarte… Te acerca el zoom, estás aquí.
El ángulo proyecta la luz del foco
reflejando mi imagen en el paisaje.

La alfombra es una marea a mis pies.
Estoy en la penumbra.
El guion exige un desnudo integral
y no estoy lista para el encuadre.

En el vestíbulo, la vida, el cansancio,
esperan que termine la película.
Ya solo puedo emocionarme,
con la música de la banda sonora.

ESPEJO

Soy tierra que de roja duele,
tierra tan seca que cruje.
La raíz torcida de un linaje umbroso.
Una negra nube diluviando
sobre la vieja madera de mi estirpe
enmoheciendo su alcurnia.

Soy la sangre del último brote.
Una cuerda blanca sin alma.
Reflejo de un sueño fingido.
El lamento callado de un dolor
que huye al tiento del ciego
marcando senda silenciosa.

Soy tiempo que no me pertenece.
A veces me arrastra,
a veces lo arrastro.
Ya otoño, paso apresurado, loco verso.
La tristeza sin tamaño alguno
que ocupa entera el mapa de la farsa.

Heredera de la vergüenza que,
sin querer, en ti nació y en mí perdura.

LA ÚLTIMA MUDANZA

«No hacemos más en la vida
que ir buscando el lugar donde
quedarnos para siempre».
JOSÉ SARAMAGO

Mover cada recuerdo de su sitio.
Volcar en cada gesto mi pasado.

Abandonar los libros a su suerte
y, partir con lo puesto, casi nada.

Son algunos los años que me visten.
Ya no tengo las ganas ni la fuerza
de beberme del mundo sus extremos.

Trazar sobre la cama tu contorno.
Desterrar estos versos al exilio
sin saber a dónde ir para quedarme.

Dejar la mente en blanco en el instante
de envolver el roce de las sombras

y entonces,
de un golpe seco, cerrar la puerta de mi casa.

II

EN LA BOCA UN INCENDIO

AMANECE Y CAEN LAS HORAS

Y defiendes la noche enmudecida
del lobo herido y de los buitres,
y levantas la espada contra todas
las siluetas del bosque solitario.

Reconstruyes lugares de aquel tiempo,
cuando él se recostaba al otro lado,
señalando en el mapa las ausencias,
derramando tu llanto mientras velas.

Hoy te levantas, como cualquier día,
con más de una trinchera entre los ojos.

En la boca un incendio,
mientras tiemblan de frío
la cama, el techo y la ventana.

NAVIDAD DE 1971

Hoy el recuerdo es dulce.

En el corral de vecinos, algunos niños tenían la suerte de ser visitados por sus Majestades de Oriente. En nuestra habitación, los canastos de cartón adornados con papel de seda tenían más paja que golosinas. El árbol de Navidad sin iluminación servía de soporte a tan humildes presentes, junto con los tres reyes de sucedáneo de chocolate que reposaban en las ramas del abeto de plástico durante todas las Navidades. El seis de enero, desde mi cama, veía cómo ella atizaba el cisco y tapaba el brasero con la alambrera. Nos despertaba temprano. Los cuatro nombres colgaban de una tarjeta casera que portaba un mensaje: Melchor, Gaspar y Baltasar prometían que el próximo año sería distinto. Traerían algún regalo de la lista de nuestros deseos. Los camellos estaban cansados de tanto peso. Sabían que lo comprenderíamos. Decían que siguiésemos siendo buenos y obedientes. Mamá nos contaría por qué nació el niño en Judea.

Era mejor quedarse en casa por si llovía envidia. Mis hermanos comían caramelos, atentos al cuento. Mi madre nos sonreía y lloraba. Yo, para entonces, ya reconocía su letra y callaba.

LOS ECOS DE TU VOZ

A Soledad Serrano Fabre

Mujer de mimbre, luz, arco en la lluvia.
Jamás su amor poeta cantó una misa.
En su pecho, desnuda vocación,
«tener un corazón no es suficiente».

«Tijera ardiente de glaciales lirios».
Nombre que tiembla,
ángulo en el suspiro de una silva,
en el abismo largo de un soneto.

La voz profunda y clara trenza suave los hilos
en «frases frágiles».
Derramando su savia en cascada,
sigue siendo verbo,
                    libre,
                         invicta.

TERMINADA EN MATE

Pintaba sus labios de Rojo Dior.
Cardaba su pelo en moño *choucroute*.

El tacón de aguja subía más allá
de las rodillas, por la línea
pintada en el nailon de su media.

Parecía una imagen del celuloide,
una foto en papel *couché*,
capa tras capa, terminada en mate.

El día que alumbró a su hija
hacía tanto frío que la nieve y el agua
decoraron los ojos de la niña con candelizos.

Ella la arrimó a un pezón rico en calostro
del que manaba un torrente de almendras.

No quedaba ni un milímetro
de volumen donde esconder más miedo.

Aquella misma noche pasé a llamarme
Gracia y apellidarme Expósito.

Para ella nada cambió. Toda su vida bailó
sobre cristales rotos, debajo de un techo
por el que continúa calándose el agua.

Sus ojos, sin párpados, miran sin ver.
Se roza los pechos. Sonríe y, de vez en cuando,
me besa las manos.

VIDA Y VINO

Nunca tuvo un jardín con romero.
Ni un huerto donde plantar naranjos.

Tenía olores a puchero,
ropa tendida en cordeles de esparto.

El trino del canario en jaula de alambre,
Un chiquillo descalzo.

Sus ojos terrosos, almagres.
Silencio sacro.

A la azotea solo llegaba el sol
en delicados rayos.
En un rincón
acomodó un tiesto sobre el suelo templado.

Plantó parras
protegiendo la tierra con tamo.

Llegaron los zarcillos y las ramas.
Los esquejes jugosos se partieron en gajos.

Ella pinzó el tallo, manaron colgadas,
otras uvas, otro año...Vendimió todo el fruto.
Se bebió la cosecha de un solo trago.

ÓRBITA

Dentro de la esfera, en el punto
en que adelgazó y giró la vida
para quedarse quieta, una mujer
ciñe en sus brazos la derrota.

Mira a lo lejos y solo ve mar.
El viento anuda la memoria
a la entrega de los recuerdos.
Como figuras de sal, los latidos se quiebran.

El mundo es tan áspero
en el silencio de los ignorados.
Cuando nada queda llega la calma.

+

Lo tienes en la boca, atragantado.
Estás acostumbrada a su ponzoña.
Lo tomas como el pan de cada día.
En la piedra del dolor mueles rabia.

No olvidas la raíz salvaje,
hondo azote, arañazo tan profundo
que, del cuerpo, la sombra separara.

Ya no hay dentro de ti piedad alguna.
Él se duerme a tus pies, igual que duerme un perro
con los ojos muy ciegos y ese callado aullido.
Un despojo de piel, huesos y sed.

Es herrumbre tu rastro,
una bestia sujeta a su cadena.
Y todo es yugo y golpe y frío y muerte.

LA ALFAJORERA

A mi abuela, que murió con muy pocos años
al dar a luz a su noveno hijo mortinato.

Muchacha ocupada de nueve lunas
que amasa las mieles y las almendras.

En el lebrillo, harina y clavos.
En su vientre, silencio, astro, muerte.

Temerosa canta un dulce arrorró,
a la nana, ea; a la nana, nana...
Sencillo su rostro
de mujer buena. El sino está escrito.

Los ocho hijos en un camastro tiemblan y miran.
Huelen los alfajores a ropa negra, a hiel, a sangre,
a sudor de parturienta.

—José, que no viene igual. Esto no, no es lo mismo.
—Pronto se hará el día, Francisca.

D. E. P.

La cara hambrienta del parroquiano es un poema.
Está cerrado por duelo.
Costumbre que desde la muerte de Víctor
Hugo se instauró en nuestra santa cofradía.

El liróforo finito, cliente habitual, familia.
Trovador maldito sin un franco,
pero a las prostitutas nos gusta leer.

¡Cuánta razón tenía!
Siempre dijo que el oficio de puta
debía ser como una oposición.

Si eres interina estás *kaputt*. Sin protocolo,
te quitan la plaza un par de tetas en su sitio.

Bendito loco. Qué acertado
cuando sugería que debía estudiar:
prepararme para matrona,
hacer un máster para *madame*.

No perder el tiempo con prosas,
con versos necios de necios poetas.
Que Dios lo acoja en su gloria.

ACOMPÁÑAME

Cuéntame de tus luces,
de las sombras y de la lucha.

Dime si los duendes temerosos
que salen por tus dedos, sujetan
los recuerdos salpicándolos de versos.

Si te viste algún atardecer a la deriva
o se trata de otra cosa.

Me dices que la vida es un mal trago
envuelto en celofán, bajo relieve.

Tu grito es el de todas las mujeres.
Lo escribes en el borde de un pronombre
que no tiene peso suficiente.

Ventila el horizonte. No consientas
que el sueño, en la distancia, nos separe.
Yo vuelvo a ver la luz si me acompañas.

SERVICIOS:
DOSCIENTOS EUROS LA HORA

Un lustro y medio siglo, según sus cuentas.
—Los años están de más. Lo que importa es
cumplir vida, Carmela.
Cada vez que cualquiera amablemente se lo
comentaba,
ella se decía a sí misma: «Mucho en la espalda.
¡Ay, si yo te contara!».

Aquella mañana se esmeró en el maquillaje.
El violeta permaneció debajo de sus ojos
recordándole que apenas durmió.
El cansancio era profundo, de adentro,
un viejo amigo que la acompañaba en su camino.

No se dio cuenta antes, pero era martes y trece.
«Ya es mala suerte. Hoy, precisamente».
Sin ser supersticiosa, le inculcaron antipatía por
ese día.
La cábala mística del agnóstico que no cree
y, aún así, ella prevenía. Por si acaso...

La cita era a las doce. Caía una suave lluvia
de sus ojos cuando pagó las caricias.
No supo si de rabia o de vergüenza.
—¡Ay, Carmela! Si tú contaras...
Qué mala es la soledad y el miedo que salpica.

III

DE VOLVER A NACER Y SER LAGUNA

ME VOLVERÉ MUJER PARA QUERERTE

Volverás al susurro del poniente
en un atardecer que, sin ser cuna,
separará los lados de la luna
y besará tus ojos y tu frente.

Esa noche, la mar desde el oriente,
velará con su lengua la fortuna
de volver a nacer y ser laguna
paralela a ese mundo de tu mente.

Olvidarás. Seremos artesanos
del dolor del ayer para trazarte
el camino de álamos tempranos.

Entre los surcos anchos de tus manos
me volveré mujer para adorarte.
Escogeré entre Dios y los gusanos.

¿LO SABES?

Una carencia crónica
en la cabeza te vuelve loco.
Sabes que es el mar.
Gime acariciando tu oído.

Te retuerces de dolor cuando respiras.
Ella aún está aquí, sentada frente a ti.
Permanece quieta, en silencio,
vacía de toda posesión.
Los labios morados son uvas maduras.

Te amó igual que ama la pena,
con un quejido en la voz y el corazón en la boca.
¿Lo sabes?

PUEDO APAGAR EL DÍA

Buscar el sentido a las líneas
de una historia con pleamar,
donde las manos...,
donde las bocas...,
donde volar.

Colmar de mareas ese pliegue
del mundo que dilatas y el espacio
que me quitas. Trepar al mástil,
hacerme del viento, llegar a la veleta.

Engalanarme, a solas huir.
De este lado las redes,
al otro las cuerdas y el ancla.

Puedo dejarlo todo en un ataúd abierto.
Puedo cerrar los ojos a este muerto de olvido.
Puedo abrir los extremos serenos del adiós.
Puedo, pero no quiero. No quiero poder.

«MORIR DE MUERTE EN FLOR TODA LA VIDA»

MIGUEL ÁNGEL BUESA

A Francisco

La albura de aquel árbol sostiene aún
los frutos jugosos. Son iguales
a los que recogías cuando pasabas
a buscarme. Explotaban en mi boca
rojos, suaves, tintándome los labios.

Entonces reías
desatando los lazos, los temores, el olvido.
Corríamos calle arriba hasta el collado.
Ascendían, desde aquella altura,
tus manos transparentes hasta cielo,
a ratos de hierba, a ratos de agua.

He vuelto tantas veces...
Sigues allí, por siempre joven.
En un abril perpetuo de silvestres grosellas
que da, a mi noviembre oscuro, mayos dulces.

ROSA EN EL DESIERTO

Se entra por una puerta oculta,
más allá de los muros del límite,
donde las dunas del desierto, dormidas
durante el día, murmuran en la noche
historias lejanas apresadas en la arena.

Ven. Esta mujer encarnada, con mirada
de mar, de la seda te contará el misterio.
Mesará tus cabellos con alheña milenaria
para templar el frío del largo camino.
Tapará tus ojos con pétalos de amapolas.

Entonces no habrá dolor en tu música.
Tus hojas serán de cristal y moldeará
la rosa. Volverá a cubrirte la corteza dulce
que abriga a los niños en el limbo del vientre.
Sabrás que nadie te quiso como te quiere ella.

VENCIDA

Por la traicionera herida
que me lleva al camposanto
se va escanciando mi vida.

La sangre en cascada inunda
los rumores de quebranto,
roja, caliente, rotunda.

Era tan puro y tan bravío,
tan transparente mi llanto,
tan solitario y tan frío,

que se puso el verde umbrío.
Al campo, ya sin su manto,
solo le quedó el vacío.

Vencida en mi desvarío
hoy voy cruzando tu canto
y el melancólico estío.

UNA Y OTRA VEZ

La derramé como lava en tu frente.
Fuiste en sangre bañado,
en sangre vieja de amaneceres nuevos.

La confundías con la lluvia,
con un manantial de azufre.
Solo era sangre, sangre viva.

Latías en el laurel.
Todo tú te agitabas
por un vientre lleno de palomas.

Solo era sangre viva, sangre vieja.
Sangre en los brazos, en la bruma.

Nada queda en las esquinas del río
más que fantasmas que lloran el rumor
lejano, espíritus en sangre vertidos.

FUE UN SEIS DE DICIEMBRE

Ven, siéntate.
Has de estar cansado.
Qué agotador debe ser no hallar reposo.
Al otro lado, un tálamo.

No prendo palmatorias
ni hago pan de santos que se deshaga,
como tus restos.
A mi mesa te convoco sin rezos, sin novenas,
para que del viento regreses
y que en el suelo te poses.

Ven, siéntate.
Brindemos por los vivos.
Brindemos por los muertos.

NO HAY PALABRAS
QUE EMPAPEN TU PRESENCIA

El empeño insiste en adelgazarme.
Tras el cristal estalla el mundo.
Enmudezco.
Las notas a pie de página del libro
nada me dicen.

Una vieja costumbre despoja
mi cuerpo en estas noches.
Solo los ojos del viento miran
en secreto, espantados.
Un dolor me sepulta en la cama.

En el silencio tu sombra
sobrecoge tanto como la altura
del abedul. Abres la puerta...
Lo llenas todo de oscuridad.

ESPERARÉ

A la sombra del árbol de Judas,
donde se tuercen sus ramas
y sus hojas rozan la cumbre
de tu contienda.
Estaré allí,
esperando que el aire impregne
de aromas tu seco cráneo.

Y, aunque la locura salpique
de razones tus motivos
y estés tan sobrado de ansias
que en mi vientre seas de nuevo
lirios de agua,
en mi aliento la pena vivirá.

Te espero en ese árbol,
en el verde azulado de sus frutos.

A tientas buscaré tu boca.
Besarás la mía y, otra vez,
serán treinta las monedas.

NO PUDO SER AMOR

Si se quedó en los huesos, agónico,
cayendo de la rama de aquel árbol.
Si humillados bajamos la cabeza
buscando alguna culpa entre sus dedos.
Si dejamos en sombras su retrato
creyendo que podríamos ser eternos.

Si en el juicio, a párpados cerrados,
sepultamos las horas más granadas.
Si vivimos el tránsito feroz
que sostiene el peso de la ceniza.
Si fue ayer que aún, ciegos y mudos
le restamos el ángulo a la sed.

Si un grito es una bestia en el silencio
y el estruendo canción de nuestra guerra.
Si tiembla en la garganta ese lamento
tocando desde lejos a difunto.
Si hoy lloramos pájaros de olvido
y llegan hasta mí los días muertos.

CONFIESO

¿Cuánto dudé...? No sabría decirte.
Ni en qué momento perdí la razón.

Ahora solo acierto a recordar
esa sensación placentera,
indecorosa, que sentía
cuando tu mano, debajo de la blusa,
me acariciaba la mente.

Cómo hurgabas en mi cerebro
hasta quedar devastada.
Yo maté al amor... Lo maté.

Fue fácil deshacerme del cadáver.
Solo tuve que presionar hasta
que lo hundió el peso de la sangre.
Sigue allí, por mis venas circulando,
moviendo el corazón en cada diástole.

LA CALLE ESTABA LLENA

Lo volví a ver después de mucho tiempo. Tenía una sombra encima de sus cejas. Su mirada era la de alguien que solo vive de noche y apenas le tiene voluntad al día.

No me reconoció, o tal vez ya formaba parte de su olvido. Sobre la mesa todos sus libros parecían un abanico de baile con forma de baraja.

Ningún título nuevo y ese jueves, en el *Jueves*, volví a comprarle *De Miguel a Miguel*, un poemario triste que ya sabía de memoria.

He pensado tanto en eso... La vida nunca le devolvió lo que él le entregó. Ni un dios lo ató al amor.

De camino a casa, con el libro en la mano, quise recordarlo como entonces, feliz, flotando sobre el agua de un inmenso mar, mientras el sol tostaba su piel y cegaba sus ojos.

Entonces, me decía: «Cuando yo muera, aún será verano».

Veinte años después, en la tercera página, la misma dedicatoria: «Juana, quiero hacerte compañera».

LAS VERDADES DEL BARQUERO

En el filo de los labios
escribo por tu silencio,
cárcel de la boca agria
donde ahogas la palabra.

En mi ladera crecida,
satisfecha de agua y tierra
en la generosa curva,
vértice de llantos mansos.

En la desprendida esencia
esparcida en manantiales,
arrastrada por el curso
que regalaste a mis senos.

En el aire se divulgue
por los mares, por los montes.
Que el mundo entero conozca
lo que por siempre callaste.

NUESTRO OLVIDO

Qué fácil es tu olvido.
Me colocas en mitad de la arena
y, con toda tu fuerza, soplas.
Qué sencillo es olvidarte.

Qué trágico no sentir la urgencia del rastro
que dejaba tu amor cuando, sin asombro,
azotaba mi pecho limpio.
Qué cómodo este olvido mutuo.

Qué triste leerte desganada,
perder en un poema el mar de tu presencia,
saber que lo único que puedo hacer con el recuerdo
es sacarlo a pasear si no estás y la vida apremia.

ACABÓ EL AÑO Y ES LUNES

Me separa del sol una ventana.

Tirada en el sofá, esa postura irreverente...
Busco el calor con los pies sobre el cristal.

El rayo parece más largo
y más hondo a este lado del mundo.

Detengo mi aliento un momento
para mirar a tu cuerpo que duerme,
que sueña con una mar orbitada.

Sumo al descuido los árboles azules
y la vida me devuelve tu mirada limpia.

Entonces...,
me da igual que el año termine
perdido en un lunes cualquiera.
Que el porvenir sea un martes resentido.

DESPUÉS DE QUERERTE

¿Te acuerdas del dolor
de mis pies descalzos
heridos por tu arista?
¿De mis manos levantadas en constante súplica?

Te acuerdas...

Hoy aún no me has olvidado,
y el tañido de una campana
dentro de tu cabeza no te deja vivir.
Te muerde la razón.

Te quita la orilla donde reposas.
El alba te sorprende desnudo.
Y gritas mi nombre.
El eco rompe tu voz y es por siempre.

DE ARCILLA

Un abrazo de luna,
la caricia tibia, el llanto agrio.

Llegó el invierno y vistió tu torso
el terno helado que viste al muerto.

Todo, todo fue inútil.
El frío blanco quemó tus párpados.

Ya no me miras, ni yo te miro.
Vacié mis órbitas para no ver
que sobre mi boca, la tuya, con otro viento,
con otros labios, besa a otra boca.

Tú y yo de arcilla.
            Ella de barro.

LOCA DE AMOR

Me dijo que no existía,
que no existiré nunca,
a pesar de ser lo que siempre soñó.
Yo le contesté que se parecía mucho
a una canción de Pablo Milanés...

Se amontonan los recuerdos.
¿Dónde colocaré la tristeza?
¿Cómo ordenar la amargura?
Hoy se quebró mi costado
cuando descendí al suelo de golpe.

La libertad corona su rostro.
Lo contemplo en la abundancia.
La marisma de mi piel es el hogar de un nómada.
Él, la invade con su tormenta.
En cada pliegue, una omisión que cubro de azul.

Yo me quedo. Él viene y va....
Le pedí un beso. Desde su altura, me miró.
Rozó mi mejilla con sus labios.
También lo pensé, sí.
No existes ni existirás jamás, maldita loca.

VENDRÁS

Te espero dulcemente.
Tus ojos traerán de nuevo
el ámbar a los míos
abriendo la ternura

y en tus manos un mar
donde abandonarme serena,
la paz cercana, feliz.

Quieta en el agua,
ya no seré sombra de otra sombra,
sino luz del sol dormida
en el sosiego de tu espalda,
sin más ambición que la de seguir soñando.

IV

DESLENGUADA

CUANDO LA PALABRA MUERDE

Desafío a quien no me deje ser.
A quien mis letras amarre
con el juicio del miedo.
A quien calle a la palabra si muerde,
si se retuerce defendiéndose libre
de añejo elogio, de pretendido himno.

Empieza a oírse mi voz,
suelta, deslenguada,
al dar refugio al verbo que se conjuga
si hasta de mí misma dejo de ser sierva.

EL PAN DE CADA DÍA

Araña con furia el asombro
de nombrarte sabiendo que aún
estoy entre los vivos.
Nunca reconoció mi lado izquierdo al derecho
antes de rendirme.
Ni antes de la última batalla
los metales ofrecí
al desaliento de la muerte.

Hoy, fuente abundante, rebosas
tu triunfo sobre el desierto inhóspito
de mis huesos, mar que guardián
hospeda a la fe dándole refugio.
Ahora que todo es redondo, que la
sombra da blancura a mi transcurso,
me postro a tus pies honrándote
sin saber si te temo o si te amo.

El hueco de la desesperación
rubrica la historia.
Me falta el pan de cada día
y no perdono a quien me afrenta.

He alzado los ojos en tu busca
he orado y te he llamado Padre.
Todo sigue sereno, callado,
como la laguna holgada del olvido.

DECISIÓN

Un hombre solo,
carente de tierra,
da su hálito al aire
conjugando la nada.

Un hombre solo,
sin Dios, desasido
del hambre, roe silencio
y duerme sobre el suelo.

A un hombre solo,
    le cae la tarde
        en el centro de la frente.
            Suyo es el mundo.

OBITUARIO

Pasan los fuegos, los vientos, las hojas, pero el miedo no. El miedo no pasa. Se aloja como un molesto huésped en el pecho, encima del estómago reducido de contraerse durante más de una vida.

A él le parecía que no podía ser tan larga una sola vida. No terminaba de acostumbrarse a la luz del sol, al ruido, a las personas. Seguía hacinado, encorvado, cojo en la topera. Hoy era de un tamaño regular, dos treinta, como si eso ya importara. No volvería a tener su altura ni a renacer en su forma.

Ahora le hacía falta poco, casi nada. Es a lo que nos acostumbramos los perdedores, a vivir con lo que toca, a la oscuridad de un bajo interior, a la humedad penetrante, al frío que entra del zaguán cuando se abre la puerta. Al miedo, no. Al miedo no se acostumbra nadie. Nos asfixia, gira sobre nuestras cabezas, se torna entero plano para cubrirnos en la zanja, en la noche desterrada de los desterrados de la historia. La muerte harta cuando has muerto varias veces. Es extraño morir. Cuando viejo, cuando solo..., ha de enterrarte el miedo.

VERSOS MUERTOS

Esta soledad colma la anarquía,
el portón que cimbrea y fiero asciende
hambriento de maldad. Todo desprende
muerte sobre el poeta y su valía.

Es duelo, romancero, nudo guía.
Soldado que rezuma fuego y vende
el arma mercenaria que pretende
acallar a la musa noche y día.

Es vida que te embiste acelerada.
Mentira necesaria, ineludible.
Libertad desafiante, atravesada.

Se esconde, la percibo en tu mirada,
en tu voz, sustantivo intransferible,
que habla... y habla... y nunca dice nada.

LO QUE NO MATA TE HACE FUERTE

Era día de salario y, aunque la tarde llegaba a su fin, no había regresado. Todos en el salón aguardábamos con un sentimiento de miedo en la boca del estómago y ese dolor que produce el hambre. La llave giró después de varios intentos. Quietos, en silencio, esperábamos a que atravesara el pasillo mientras se tropezaba con los escasos muebles. Miró a mi madre desafiante. Arrojó unas monedas a su delantal.

—Compra arvejones. Es lo que comen las palomas y no se mueren.

¿POR CARIDAD?

«Cuanto hijo de puta hay por el mundo».
RAFAEL ALBERTI

Estoy cansado y tengo mucho frío.
Mejor tomar callado lo que ofrece
sin responder a lo que me pregunta.
¿Qué más da cuál es mi edad?
¿Prefiero tomar un caldo? ¿Un café?
Si pudiera elegir, yo no estaría aquí.
Esta noche voy a agradecer la manta.
Lo demás, no.
No podría.
Solo quiero algo de refugio
y que se calle.
Dejar de ver su rostro.
Seguir, seguir asintiendo con gestos.
Se cansará enseguida, solo quiero la manta.
Si vomito, salpico sus zapatos.
¿Y una mueca?
El hueco de mis dientes también suele darle náuseas.
Se apresura a soltar lo que trae a distancia.

Hoy, no. Hoy, no estoy para bromas.
Quiero morirme sintiendo calidez.
Imaginar que estoy en una cama limpia.
—Démela. Deme ya la puta manta.

MAREA ALTA

El día amaneció sediento de sal.
   Corsario sin norte,
      al aire levanté el saludo: ¡Ahoy!

En galera de corcho, vela de diario,
   sin sol, sin tono añil, sin paralelos,
     fui pirata en un charco
      que extravió la lluvia.

De orilla a orilla,
   en mar de vieja plata,
   con el viento a favor,
     surqué insensato mi diminuto océano
     hasta llegar al estrellado palacio.
      Allí, donde habitan las Náyades,
        las oí cantar serenas.

Brillaba en sus cabellos el rojo coral.
   Me dormí a su abrigo.

¿CONOCÍ A JOB?

«¡Bendigo a Dios cuando da!
¡Bendigo a Dios cuando quita!».
Libro de Job. Antiguo Testamento

Perdió la mirada en los ojos.
Sin ver, pudo llegar al mar.
Bendijo su suerte.

Se sentó en la orilla a contar
las pulsaciones de las olas.
El estruendo aturdió su oído.

En las manos empuñó arena
durmiendo el tacto de sus dedos
y, sin sentirlos, rezó.

Se adentró caminando despacio.
Saboreó la sal. El agua hizo
que pesara su alma tanto...

Mientras se hundía,
entrelazó la vida a la muerte, a la fe,
a un manantial de esperanza.

Conocí a ese hombre
que bien pudo llamarse Job.

EL PÁJARO CINÉTICO

Se pierden los ojos del hombre
en la *Kafan*. Entre los brazos lleva
el cadáver de su hijo. Una y otra vez
se repite: ¡Es la voluntad de Dios!

Había aprendido a tocar el violín,
a bailar. Ayunó el último Ramadán.
Comió miedo antes del alba
y rosas negras el resto de sus días.

Las sirenas empezaron a sonar.
Se acurrucó en un rincón, sin paredes,
envuelto en ropa de combate.
Era mediodía y rezaba el *Thuhr*.

«Yo les dije que no todos quieren matarnos»,
«os convencí al final».
¡Mamá, mira: un pájaro en el cielo!
Hay niños que mueren por voluntad de Dios.

VIVO

La respiración entrecortada, breve.
El latido detenido en un instante.
Y te preguntas si el final es así.

Vuelve ese látigo despiadado.
Vuelve, estás vivo.
Tras la pared, ligeros susurros.
Al otro lado, la vida es generosa.

Ahogas el dolor.
Un cielo oscuro tras el cristal.
Tiemblas. Hace frío, tanto frío...

Todo terminará enseguida.
Con la herida abierta,
solo queda esperar
a que la muerte asome.

S.O.S.

Las ganas y yo no nos llevábamos bien.
Todo eran quejas: Que ya no les hacía caso,
que ya no era lo mismo.
En fin, lo de siempre.

Últimamente no funcionaba la relación.
Ni siquiera en domingo las sacaba a pasear.
Me di cuenta esta mañana, al tender la ropa.
Todo un cordel de toallas, pijamas y sábanas.

El frigorífico sufre de ausencia.
Ocupan su interior solo un limón y una botella de agua.
Para colmo, enfría más que nunca
y se forma un bloque de hielo en el fondo.

¿Qué podía decirles?
Que hago lo que quiero.
O mejor, que no hago nada.
Hoy, aún no me levante y ya ves, tan feliz.

V

CUANDO EL AGUA AHOGA

NADA TE DETUVO

«Tirad mis cenizas al mar,
cuando me toque. No lo dudéis»
FERNANDO LUMBRERAS

Te busco en la tormenta,
al filo de tu fosa, en este mar
que hoy desgarra más que nunca,
que no deja que el grito llegue a ti,
que te reclame.

Saber por qué. Vaciar la pena
que me rompe las entrañas.

Te busco en cada línea, en las esferas
y no te encuentro.

Déjame ser por todo el vértice.
Tocar tus lados, tus cenizas.

Me está volviendo loca
la jaula en esta orilla.

AUNQUE TE HAYAS IDO

Acércame el mar si alguna lo he perdido.
Cuando el sol se duerma en mi pelo,
busca la luz.
Remueve la savia dormida.

Incendia la rompiente del agua.
Llévame hasta la cima.

Después de que el cielo nos rinda
te contaré cómo quiebra mi cuerpo,
como las olas me arrastran hacia ti.

No dejes que ninguna parte nos quede ajena,
en cada rincón dolerá la perdida.

HÁLITO

Quiero que me abraces cuando
el frío en enero use solapa en pico.

Que pasees mi anemia
con bufanda y guantes de ópera.

Quiero que tú me quieras algún tiempo.
Que busques en estos huesos
el calor que de sol invernal.

Que beses mi ansiedad
cubriéndola en un abrigo de parca.

Quiero que tú me quieras
con la piel pálida del rostro,
que ates el fular encarnado
de la cintura cuando suenen las sirenas.

Yo te quiero con tu traje clásico,
con la bala en la frente, con tu cara de muerto.

DESCUIDO

En la anchura callada de la noche,
aquí donde tu sombra enciende luz,
el dolor no se aleja ni un minuto;
va mordiendo mi cuello a ratos sueltos.

Las manos indefensas agonizan
si no puedo tocar tu hondo pecho,
si no puedo olvidar que te marchaste
aunque cerré los ojos ya esculpidos.
Perdona, compañero, esta locura.

¿Recuerdas que te dije alguna vez,
que, pese a hacer marea, te quería?
Hoy, llorando gaviotas y dulzura,
al destemplado océano, a las olas,
le entrego «el corazón por alimento».

Perdóname del todo la omisión
de olvidar la tibieza de tu playa.
Que yo, sin ser un dios, he perdonado,
el eterno descuido de tu ausencia.

LA PIEL DE LA CASA

La cortina colgada en la pared
se sacude los pliegues
desde los pies
a la garganta.
Ondea el azul gastado
que se lleva el sol
quedándose desnuda
entre los frunces.

Está a oscuras
de alguna mirada posible
y se recoge el dobladillo
cansada de tanta lucha
para que el dolor pase por debajo,
sin rozarle las dudas,
las huellas,
el aliento.

Yo no sé qué hacer,
si arrojarla por la ventana
o dejarla ahí
¿A dónde iría con el frío que hace esta noche?
Mañana desprenderé sus pestañas.
Con la pálida tela haré cometas.
En el hueco vació colgare una cortina blanca.

Í N D I C E

III. DE VOLVER A NACER Y SER LAGUNA

IV. DESLENGUADA

V. CUANDO EL AGUA AHOGA

Acábose de imprimir esta
primera edición de
CUANDO LLUEVE DENTRO,
de JUANA RODRÍGUEZ MACÍAS,
el 28 de marzo de 2026,
para conmemorar el
aniversario del nacimiento de
Santa Teresa de Jesús

*En olvido mi memoria,
mi alteza en humillación,
en bajeza mi opinión,
en afrenta mi victoria.*

L A U S   D E O